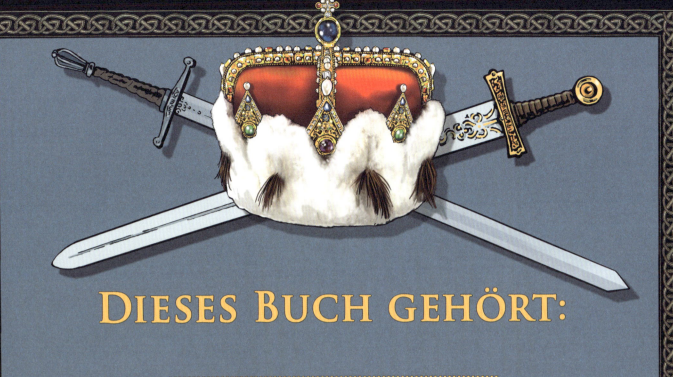

Dieses Buch gehört:

....

Der Autor und Illustrator wünscht viel Spass beim Lesen!

Impressum:

ISBN: 978-3-99024-666-5

Für den Inhalt und die Illustrationen verantwortlich:
Rudolf Schuppler, A-2130 Mistelbach, Josef Kraus-Straße 7/10
schuppler@aon.at   www.grafik-schuppler.at

Lektorat:
Susanne Jauss, www.jauss-lektorat.de

Verleger:
KRAL-Verlag
Kral GmbH, J.-F.-Kennedy-Platz 2, 2560 Berndorf
Tel: +43(0)660 4357604   Fax:+43(0)2672 822 36-4
E-Mail: office@kral-verlag.at

1. Auflage / Erschienen in Berndorf 2017
Copyright© 2017 by Kral-Verlag, Kral GmbH

Alle Rechte vorbehalten, insbesondere das Recht der mechanischen, elektronischen oder fotografischen Vervielfältigung, der Einspeicherung und Verarbeitung in elektronischen Systemen, des Nachdrucks in Zeitschriften oder Zeitungen, des öffentlichen Vortrags, der Verfilmung oder Dramatisierung, der Übertragung durch Rundfunk, Fernsehen oder Video, auch einzelner Text- und Bildteile.

Printed in EU

Besuchen Sie uns im Internet: www.kral-verlag.at oder auf
www.facebook.com/KralverlagBerndorf

Der vorliegende Buchinhalt wurde sorgfältig erwogen und geprüft und beruht auf gründlicher Recherche und eigenen Erfahrungen der mitwirkenden Personen.
Dennoch kann vonseiten des Verlags keine Garantie übernommen werden.

Sagen aus Niederösterreich

Inhalt

Wie Luitpold die Mark im Osten erhält	Seite 3 - 7
Leopold - Gründungssage vom Stift Klosterneuburg	Seite 8 - 16
Entstehungsgeschichte vom Klosterneuburger Fasslrutschen	Seite 7 - 19
Richard Löwenherz - Die Blondelsage	Seite 20 - 33
Die Herren von Kuenring	Seite 34 - 41
Die Hügel von Großmugl	Seite 42 - 47
Der Rattenfänger von Korneuburg	Seite 48 - 55
Über den Autor/Illustrator	Seite 56

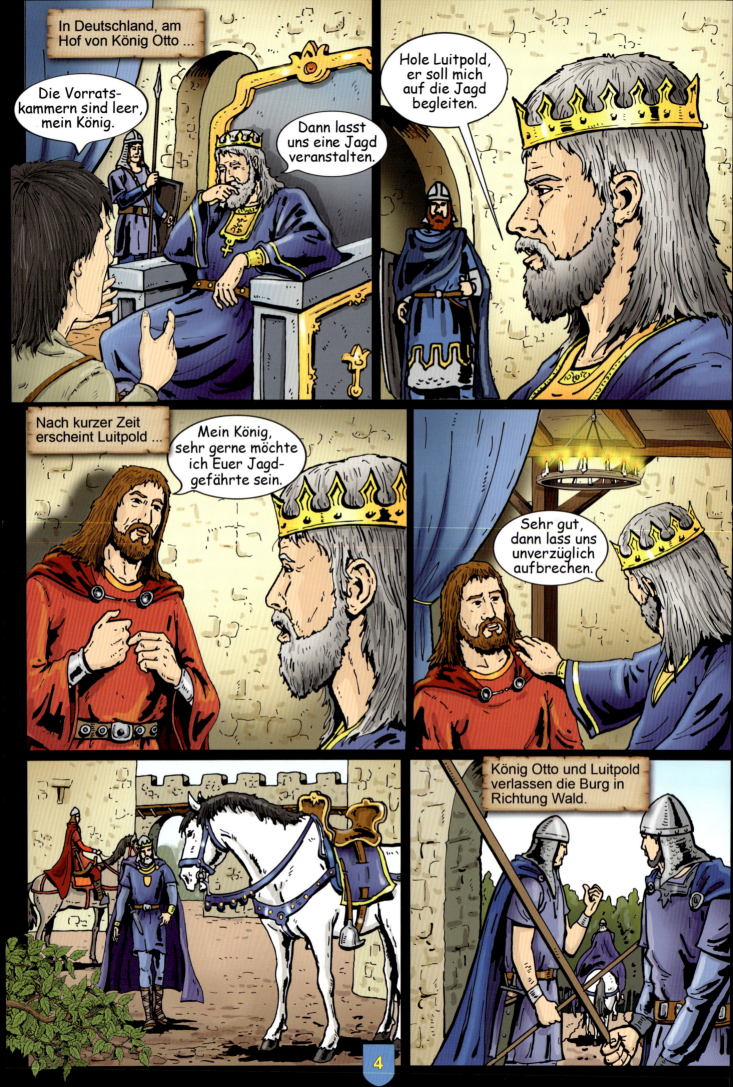

WISSENSWERTES

Luitpold (auch Leopold I. genannt) – Markgraf von Österreich 976 – 994 n. Chr.

Sowohl über das Geburtsjahr von Luitpold als auch über seine genaue Abstammung ist nicht sehr viel bekannt. Seine Familie, die möglicherweise aus der Stadt Bamberg in Bayern stammt und von der sich vermutlich der Name des Geschlechts „Babenberger" herleitet, unterhielt sehr gute Beziehungen zu König Otto II. von Deutschland. Der König belohnte Luitpold im Jahre 976 n. Chr. für seine Dienste mit der Markgrafschaft der Mark im Osten. Damals wurde das Gebiet, das zunächst nur aus einem schmalen Streifen entlang der Donau zwischen dem Fluss Enns und dem Tullnerfeld bestand, als „Ostarrichi" bezeichnet. Nach dem Sieg eines bayerischen Herzogs über die Ungarn wurde unter Luitpold die Mark nach Osten hin bis zur Gegend um Wien ausgedehnt. Luitpold starb 994 n. Chr. bei einer Versöhnungsfeier in Würzburg, zu der er geladen war. Ein Pfeil, der eigentlich einem anderen gegolten hätte, traf ihn, und er verstarb wenig später an den Folgen der Schussverletzung.

Die Erhebung Luitpolds zum Markgrafen wurde Ende des 12. Jahrhunderts von einem Melker Geistlichen in die Form einer Sage gekleidet.

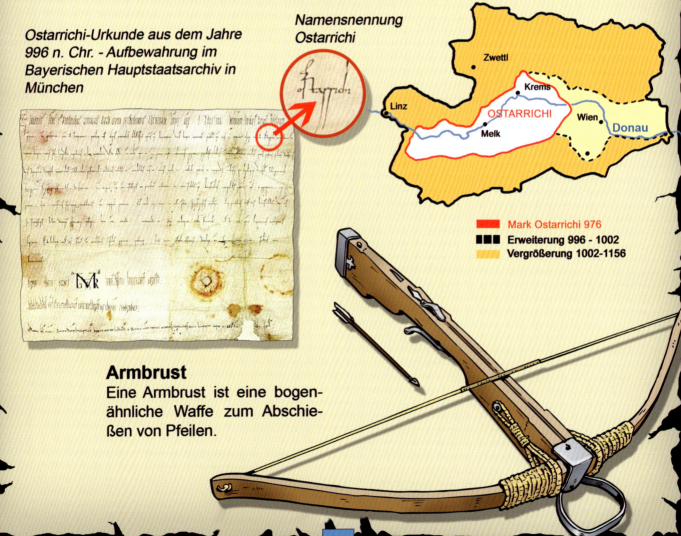

Ostarrichi-Urkunde aus dem Jahre 996 n. Chr. - Aufbewahrung im Bayerischen Hauptstaatsarchiv in München

Namensnennung Ostarrichi

- Mark Ostarrichi 976
- Erweiterung 996 - 1002
- Vergrößerung 1002-1156

Armbrust
Eine Armbrust ist eine bogenähnliche Waffe zum Abschießen von Pfeilen.

WISSENSWERTES

Markgraf Leopold III. von Österreich (1073 – 1136 n. Chr.)

Leopold hatte sich im Herrschaftskampf um die Nachfolge Heinrichs IV. auf die Seite Heinrichs V. gestellt. Zum Dank erhielt er dafür das Königsgut und die Reichsrechte der Mark Österreich. Im Jahre 1106 ehelichte er die Witwe Agnes von Waiblingen, eine Schwester von Heinrich V. Leopold III. war bekannt für seine Friedensliebe und seine aktive Kirchenpolitik. Seine wichtigste Gründung war das Stift Klosterneuburg, das er zu seiner Residenz ausbaute. Andere Klostergründungen waren das Stift Heiligenkreuz und Klein-Mariazell. Am 15. November 1136 starb er an den Folgen eines Jagdunfalls. Seine Grabstätte befindet sich im Stift Klosterneuburg.

Agnes von Waiblingen – Ehefrau von Leopold III. (1072 – 1143 n. Chr.)

Agnes war die zweite Tochter des deutschen Kaisers Heinrich IV. und wurde nach dem Tode ihres ersten Gemahls mit Leopold III. verheiratet. Sie brachte ein beträchtliches Vermögen und Ansehen mit in die Ehe. Agnes hatte 21 Kinder, wobei einige davon auch aus ihrer ersten Ehe stammten. Mehr als die Hälfte der Kinder verstarb jedoch noch vor Agnes' Lebensende. Nach Leopolds Tod übernahm sie tatkräftig die Regierungsgeschäfte der Mark Österreich.

Stift Klosterneuburg

Zu Beginn des 12. Jahrhunderts, also in der Zeit von Markgraf Leopold III., war der Stiftshügel kein unberührtes Stück Land. Er war bereits seit urgeschichtlicher Zeit besiedelt und wurde vermutlich im 1. Jahrhundert n. Chr. von den Römern als Kastell (befestigtes Militärlager) genutzt. Im Jahre 1114 n. Chr. wurde der Grundstein zur Gründung des Stiftes von Leopold gelegt und im Jahre 1136 n. Chr. die Stiftskirche schließlich feierlich eingeweiht. Die Klosteranlage wurde in den darauffolgenden Jahrhunderten mehrmals erweitert und umgebaut. Derzeit ist das Stift Klosterneuburg ein sehr bekanntes Zentrum des katholischen Glaubens in Österreich.

Leopoldi-Tag

Im Jahre 1485 n. Chr. erfolgte die Heiligsprechung Leopolds III. Seit 1663 n. Chr. ist er der Landespatron des Bundeslandes Niederösterreich. Sein Gedenktag, der seinem Todestag entspricht, ist der 15. November.

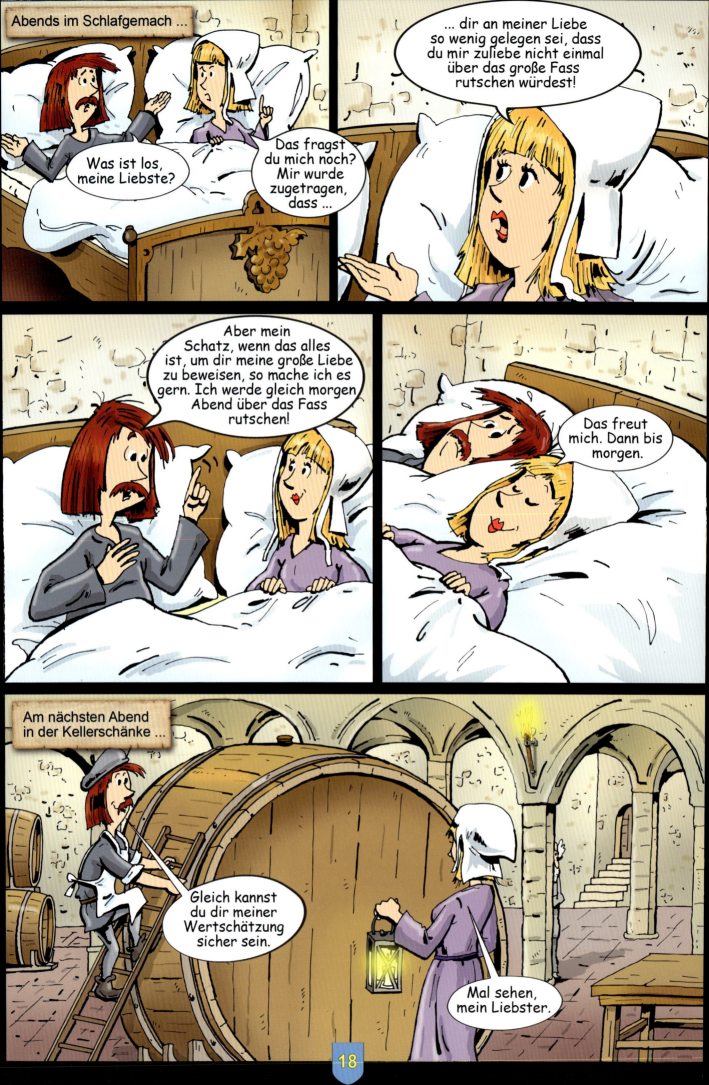

FASSLRUTSCHEN

Deutung des Brauchtums:
Der Brauch des Fasslrutschens ist wahrscheinlich darauf zurückzuführen, dass die Hauer (Weinbauern) beim Abliefern des Zehentweines (Zehent = Abgabe, Steuer) auf der einen Seite das Fass erklommen, den Wein oben in den Gießkorb leerten und auf der anderen Seite wieder herunterrutschten.

Das „Fasslrutschen" findet im Binderstadl statt, das zum Stift gehört. Man rutscht über ein 300 Jahre altes Fass, das fünf Meter lang und vier Meter hoch ist, mit einer Füllmenge von ca. 56.000 Litern.

Richard Löwenherz
Die Blondelsage

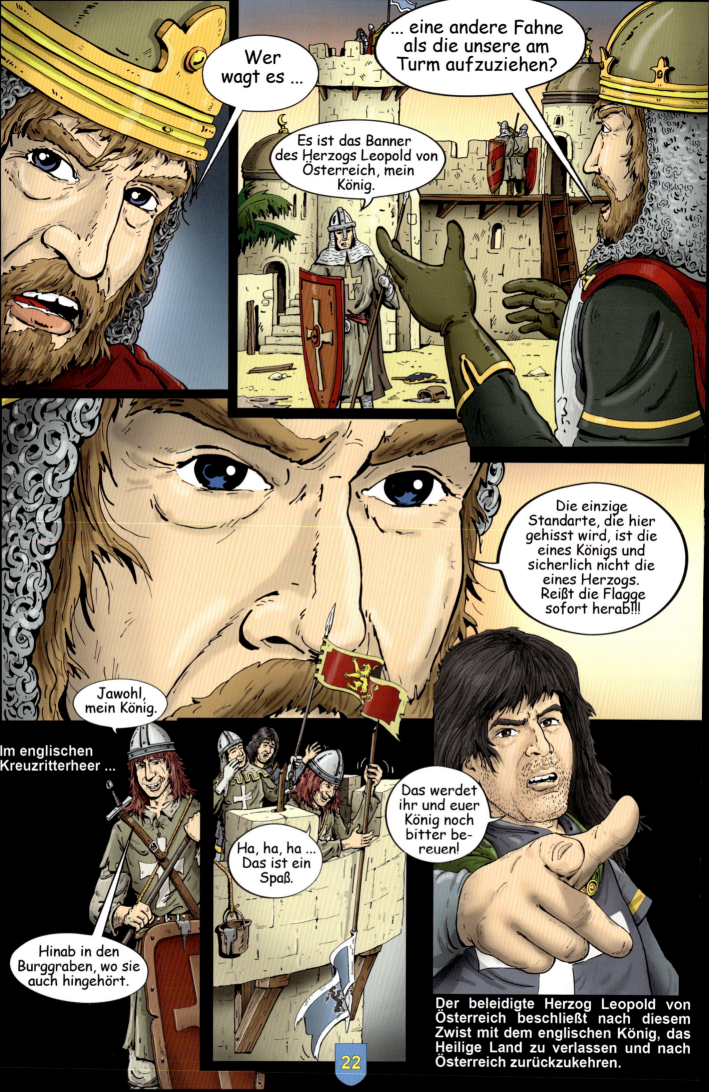

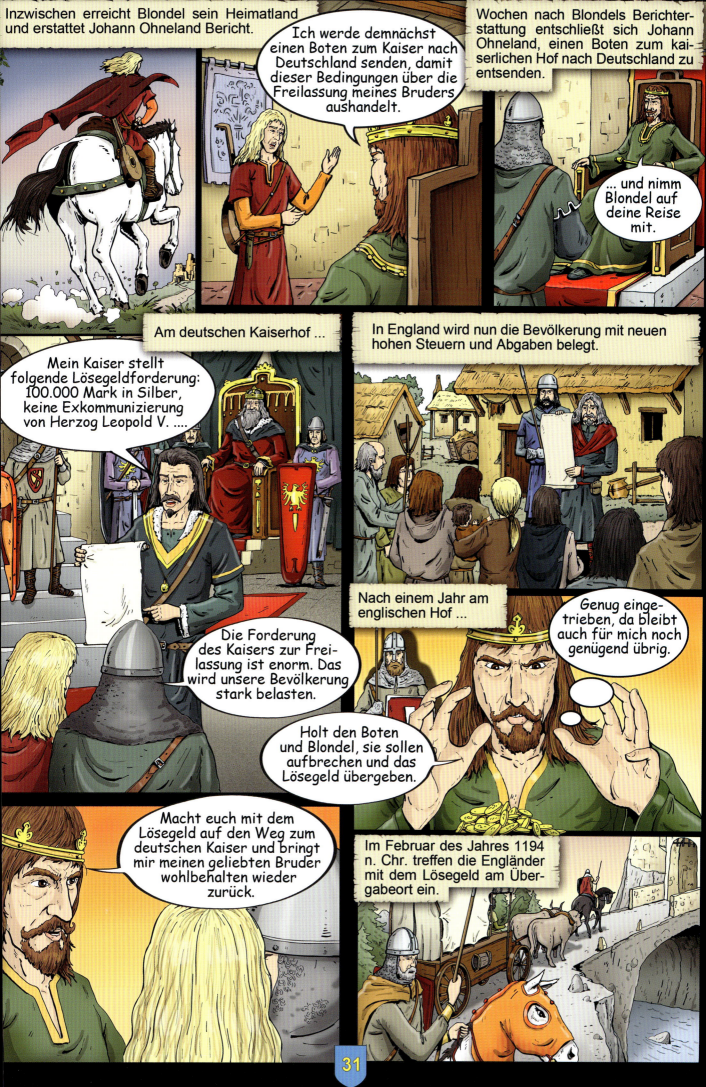

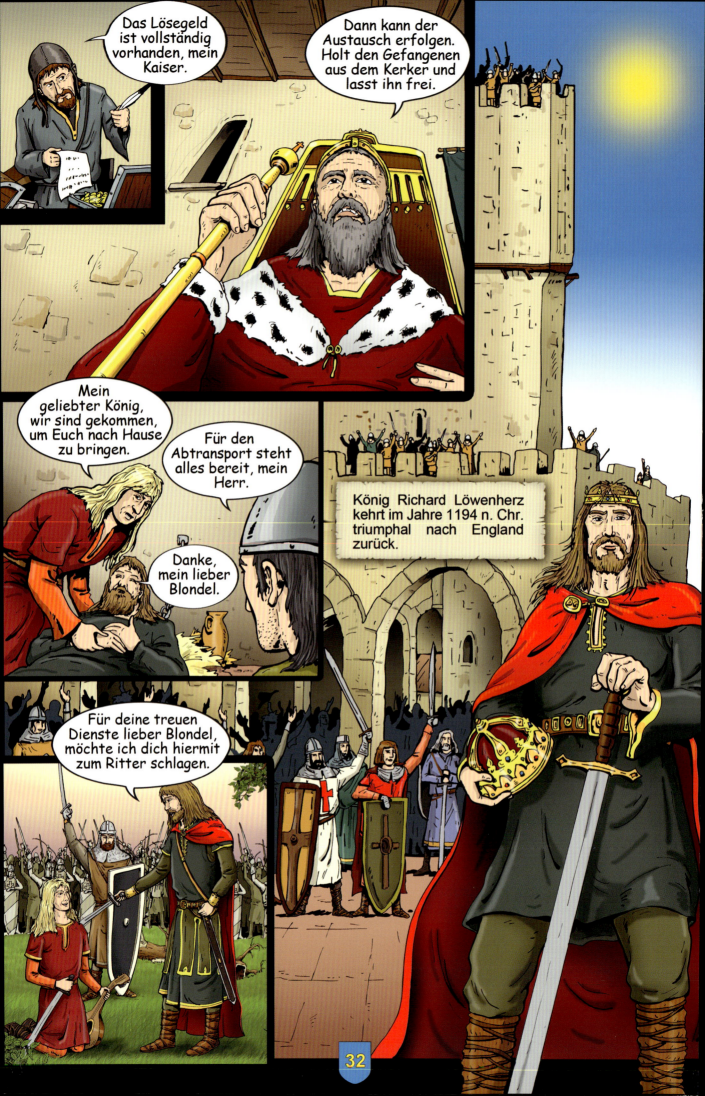

Wissenswertes

Herzog Leopold V. von Österreich

Leopold von Österreich ging vor allem durch die Gefangennahme von König Richard Löwenherz in die mittelalterliche Geschichtsschreibung ein. Ursache des Zwistes mit Richard war die ungerechte Beuteverteilung anlässlich der Eroberung der Stadt Akkon sowie der Hinabwurf der Fahne Leopolds vom Burgturm in den Burggraben durch die Männer von Richard Löwenherz.
Leopold gründete mit dem erlangten Lösegeld die Münze Österreich sowie die Stadt Wiener Neustadt und finanzierte unter anderem auch neue Stadtmauern in Wien.

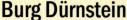

Minnesänger Blondel

Der Sänger Blondel, der auf der Suche nach seinem Herrn Richard Löwenherz angeblich von Burg zu Burg gezogen sei, ist historisch nicht belegt. Es handelt sich bei dem Minnesänger um eine Sagenfigur. Die im 13. Jahrhundert entstandene Geschichte um seine Person wurde im Laufe der Zeit immer mehr ausgeschmückt und auch in verschiedenen Musikstücken thematisiert.

Burg Dürnstein

Die Burg Dürnstein liegt oberhalb des Ortes Dürnstein in der Wachau in Österreich. Sie wurde Mitte des 12. Jahrhunderts von den Kuenringern erbaut. Richard Löwenherz wurde in Dürnstein oder auf einer Nebenburg von Dezember 1192 bis März 1193 n. Chr. gefangen gehalten.

König Richard I. (genannt Löwenherz)

Im September 1189 n. Chr. wurde Richard Löwenherz zum König von England gekrönt und damit einer der mächtigsten Herrscher Europas. Richard war für seine Zeit mit 1,86 Metern sehr groß gewachsen. Seinen Beinamen Löwenherz erhielt er im Zusammenhang mit seiner Kampfeslust bei der Eroberung der Stadt Messina auf Sizilien. Während seines Kreuzzuges zeigte er großes Selbstbewusstsein, jedoch wenig diplomatisches Geschick, da er bei der Rückeroberung der Stadt Akkon die Standarte des Herzog Leopolds V. von Österreich in den Burggraben werfen ließ und auch seinen Mitstreiter Philipp II. von Frankreich mit seinen Machtansprüchen provozierte.
Richard wurde am 4. Februar 1194 n. Chr. aus der Gefangenschaft entlassen und bereiste anschließend noch einige Städte in Deutschland, bevor er nach England zurückkehrte, wo er sich mit seinem Bruder Johann Ohneland versöhnte.
König Richard Löwenherz verstarb im Jahre 1199 n. Chr. im Alter von 41 Jahren während der Belagerung der Burg Châlus in Frankreich durch eine Schussverletzung, welche durch einen Pfeil oder Armbrustbolzen verursacht worden war. Mit seinem Charisma und seiner Entschlossenheit gilt er als eine der schillerndsten Personen des Hochmittelalters.

Hadmar II. von Kuenring

Hadmar von Kuenring stammte aus dem Geschlecht der Kuenringer und nahm am Dritten Kreuzzug teil. Bis zur Auslieferung von Richard Löwenherz an den deutschen Kaiser hielt er den englischen König auf seiner Burg in Dürnstein gefangen.

Lösegeldforderung - Vertrag zwischen Herzog Leopold und Kaiser Heinrich

Kaiser Heinrich VI. verpflichtete sich vertraglich gegenüber Leopold V., den Gefangenen Richard Löwenherz erst dann freizulassen, wenn folgende Bedingungen erfüllt werden:
- Zahlung eines Lösegelds von cirka 23 Tonnen bzw. 100.000 Mark in Silber, wobei Leopold V. die Hälfte davon erhält
- Waffenhilfe für Heinrich VI. bei seinem Feldzug nach Sizilien
- Freilassung von Isaak Komnenos und seiner Tochter auf Zypern
- Heiratsvereinbarung zwischen der Cousine von Richard Löwenherz mit Friedrich I., dem Sohn von Leopold V.
- Richard Löwenherz setzt sich beim Papst dafür ein, dass Leopold V. nicht exkommuniziert wird

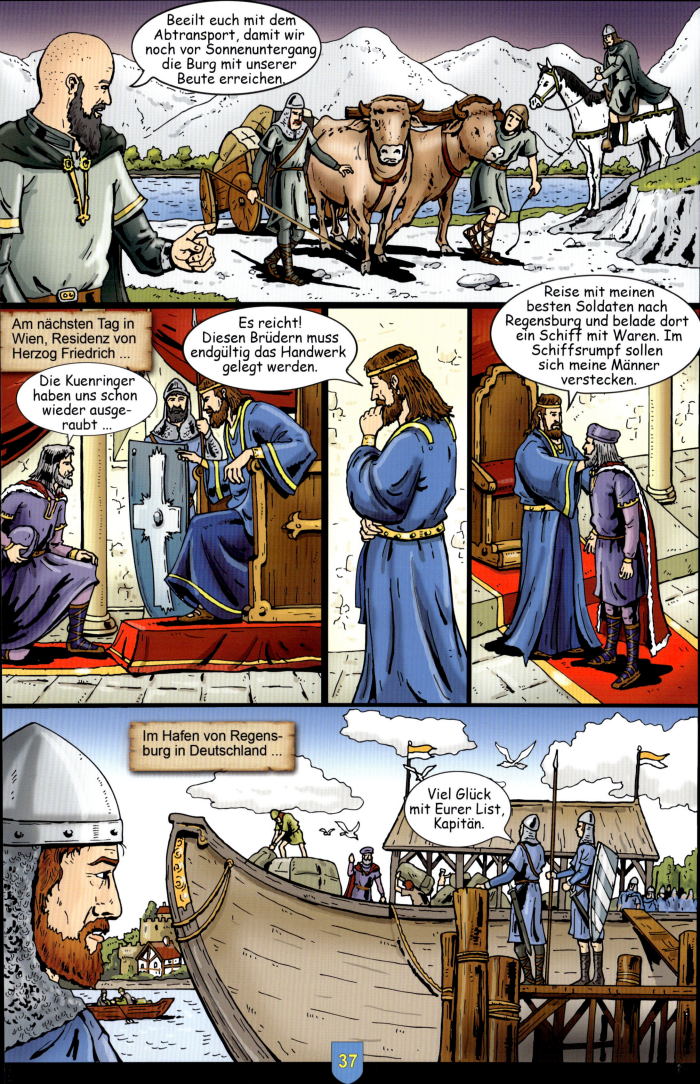

Wissenswertes

Hadmar III. (1180 – 1231 n. Chr.) und Heinrich III. (1185 – 1233 n. Chr.)

Im Mittelalter beherrschte das Geschlecht der Kuenringer ein großes Gebiet des Waldviertels und der Wachau zwischen Aggstein und Dürnstein. Historisch bekannt wurden vor allem die beiden Brüder Hadmar III. und Heinrich III., die als Anführer von weiteren adeligen Rittern mit dem jungen Landesfürsten Friedrich II. im Machtkampf lagen. Unter ihrer Führung wurden die Städte Melk, Göttweig und Zwettl überfallen, teilweise verwüstet oder in Brand gesetzt. Diese Machtkrise um Mautrechte und Ämter diente später auch als Grundlage für die Sagenbildung vom Raubrittertum der Kuenenringer. Herzog Friedrich II. ging aus diesem Konflikt erfolgreich hervor, während sich die beiden Aufrührer geschlagen geben mussten. Weil sie Kirchengut verwüstet hatten, wurde über sie der Kirchenbann verhängt.

Handschriften – „Bärenhaut"

Die frühgeschichtlichen Ereignisse rund um das Geschlecht der Kuenringer sowie die Ereignise rund um die Gründung des Zwettler Klosters wurden in prächtigen Handschriften verewigt. Weil der Einband aus der Haut eines Zuchtebers (umgangssprachlich als Saubär bezeichnet) stammt, wird das Stifterbuch mit den Handschriften auch „Bärenhaut" genannt. Die Aufzeichnungen und Darstellungen, die unter anderem auch den bunt gestalteten Stammbaum der ersten Generationen der Kuenringer beinhalten, werden im Stiftsarchiv des Klosters aufbewahrt.

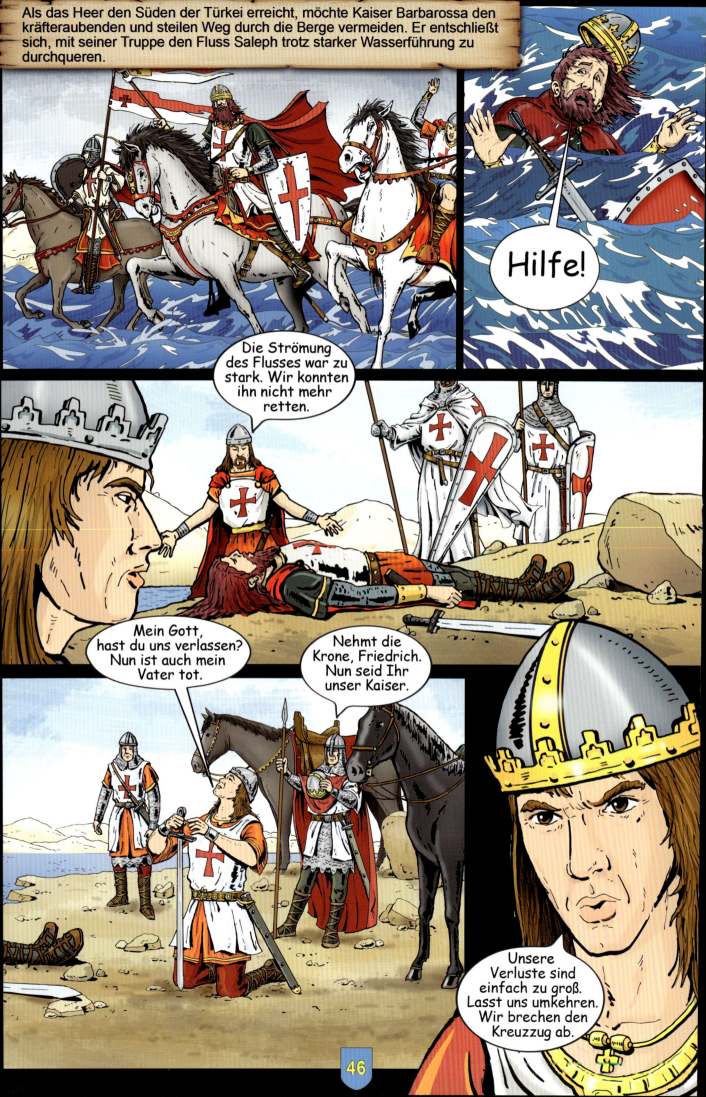

Wissenswertes

Rattenfängersage
Die Sage handelt von der Zeit zwischen dem 12. und dem 14. Jahrhundert, in der die Stadtbevölkerung rasch anstieg. Durch die damit einhergehende Vorratshaltung wurde auch die Population der Ratten begünstigt. Der Wunsch der Bewohner der Stadt, sich der lästigen Ratten zu entledigen, war somit sehr groß, und man versprach sich Abhilfe durch einen „Rattenfänger".

Die in der Sage erwähnte „Entführung von Kindern" könnte wissenschaftlich darauf zurückzuführen sein, dass Kinder und Jugendliche in dieser Epoche am Kinderkreuzzug teilnahmen oder auch bei der Kolonialisierung von dünn besiedelten Gebieten im Osten Europas (im heutigen Rumänien – Besiedelung des Landesteils Siebenbürgen) benötigt wurden.

Kinderkreuzzug
Tausende Kinder und Jugendliche aus Deutschland brachen im Jahre 1212 n. Chr. zu einem friedvollen Kreuzzug ins Heilige Land auf. Das Ziel erreichten sie jedoch nie, da der Zug sich aus verschiedenen Gründen auflöste, noch bevor sie am Mittelmeerufer in Italien angekommen waren. Viele Teilnehmer kehrten enttäuscht in ihre Heimat zurück, andere verdingten sich als Knechte und Mägde in Italien und einige wenige wurden sogar als Sklaven verkauft.

Rattenfänger von Hameln
Neben der Rattenfängersage von Korneuburg existiert noch die in Europa weitaus bekanntere Sage des Rattenfängers von Hameln im Norden Deutschlands.

Der Autor und Illustrator
Rudolf Schuppler ist neben seiner Tätigkeit als Kinderbuchillustrator auch als Zeichner und Cartoonist für verschiedene Steuer- und Wirtschaftszeitschriften im In- und Ausland tätig.
Er wohnt in Mistelbach, ist verheiratet und Vater zweier Töchter.
Weitere Infos unter: www.grafik-schuppler.at

Bei Kral-Verlag auch erhältlich:

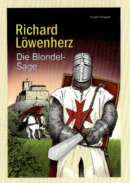
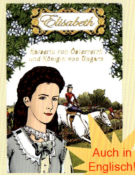

Auch in Englisch!

www.kral-buch.at   www.kral-verlag.at